AF339828

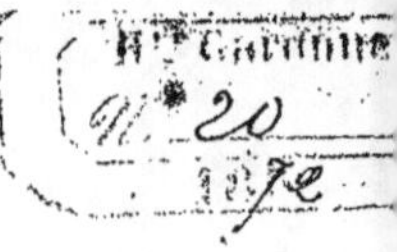

TRAVAIL & CAPITAL

L'INTERNATIONALE

ET

LE CHRISTIANISME

Credidi propter quod locutus sum.
J'ai cru, voilà pourquoi j'ai parlé. (Ps.)

PAR L'ABBÉ ***

PRIX : 1 FRANC

PARIS

LIBRAIRIE DU XIXᵉ SIÈCLE

10, RUE DE LA BOURSE, 10

DÉPOT CENTRAL DE TOUS LES ÉDITEURS

1872

Toulouse. — Imprimerie J.-M. BAYLAC, rue de la Pomme, 34.

L'INTERNATIONALE

ET

LE CHRISTIANISME

I

Paris et l'Internationale.

Il y a à peine quelques mois, une émotion aussi profonde que générale dominait tous les cœurs. A la lueur des incendies de Paris, à l'aspect de ses ruines fumantes, un long cri s'était fait entendre d'un bout de la France à l'autre : l'*Internationale!* Ce cri d'épouvante pour les uns et de secrète espérance pour les autres, signe de contradiction pour tous, a été dans toutes les bouches et sur toutes les lèvres. Ainsi, sous la décadence de l'empire romain, parlait-on des Barbares.

A cette apparition aussi soudaine que terrible, il semble que le sol ait tremblé; et le monde social comme le monde physique a connu ces sourds mugissements et ces agitations souterraines qui précèdent les tremblements de terre ou les irruptions volcaniques. — La lave s'est fait jour dans cette superbe cité, reine des nations que l'étranger nous enviait, et que les rois de la terre venaient admirer!... Tout à coup aux tourbillons de flamme et de fumée qui s'élevaient de son enceinte, les hommes du grand négoce ont accouru d'au-delà des mers, ils se sont réunis sur les hauteurs pour contempler nos grands désastres et se sont écrié, peut-être satisfaits : *Cecidit, cecidit Babylon!* Elle est tombée, Babylone, elle est tombée, celle qui enivrait les peuples du vin de sa prostitution. Oui, elle est tombée! Et il s'en est fallu de peu que Paris ne fût une nouvelle Pompeï.

Mais l'heure de ce nouveau fléau de Dieu est-elle passée et son œuvre de destruction est-elle finie? Nul ne le croit, ni les victimes, ni les exécuteurs; et tout semble présager de nouvelles commotions, peut-être plus terribles encore.

Mais ce n'est pas la première fois que la société traverse de ces crises et éprouve de ces convulsions fébriles, de ces délires de la liberté, indice pour les uns de force et de vitalité, et pour les autres de décadence et de décrépitude; car chacun appelle progrès ce qui favorise ses idées politiques ou s'accorde avec ses théories sociales, et décadence tout ce qui s'en écarte ou les renverse. Mais en réalité toutes ces débauches révolutionnaires pourraient bien n'être que les intempérances d'une société encore jeune et sans expérience de ses propres passions. 89, en effet, a été pour la France une nouvelle naissance et un nouveau baptême, sa régénération a été complète, une société nouvelle et toute démocratique succédait à l'ancienne. Or, ce n'est pas en un demi siècle qu'une société vieillit. Non, la société française n'en est pas à sa dernière heure, et le délire dont on l'accuse n'est pas celui de l'agonie, mais plutôt celui d'une jeunesse passionnée.

Mais s'il est une société qui ait l'expérience de ces grandes épreuves, c'est bien assurément la société religieuse. Son esquif a traversé bien d'autres tempêtes et n'a point sombré. Que dis-je, c'est elle qui a calmé les flots et rétabli la sérénité. Tel a été son rôle dans tous les temps.

II

Le IVe siècle et le XIXe

Au IVe siècle, l'Eglise, victorieuse avec Constantin, et avec lui arrivée au pouvoir, se trouvait en présence d'une civilisation païenne souillée du sang de milliers de martyrs, et de hordes de barbares qui ne respiraient que le carnage et l'incendie. D'un côté, un passé encore tout sanglant, de l'autre un avenir plein de menaces, un monde nouveau qui s'avançait précédé par la terreur, suivi de la désolation et plus effrayant encore par l'inconnu qui l'enveloppait. Les témoins de ces calamités publiques se croyaient arrivés aux derniers temps, à cette abomination de la désolation prédite par le prophète. « Je me tais, s'écrie saint Jérôme, crainte de paraître désespérer de la clémence de Dieu. »

Dans une telle situation, il semble que l'Eglise ne pouvait avoir que des anathêmes pour ses persécuteurs d'hier et ses féroces agresseurs d'aujourd'hui. Tout au moins, retirée au fond de ses solitudes, allait-elle assister, avec des chants de reconnaissance et d'actions de grâce sur les lèvres, à la destruction de ces deux adversaires acharnés l'un contre l'autre et déjà blessés à mort, l'un par le fer du Barbare, et l'autre par la corruption du Romain.

Mais non, elle se souvint qu'elle était militante et que tous les hommes, ceux du Nord comme ceux du Midi, étaient frères et ses futurs enfants. Semblable à ces organisateurs intrépides du sauvetage, qui bravent les fureurs de la tempête pour voler au secours des naufragés, elle se jeta entre les combattants et jusques dans leur camp, pour les désarmer et les réconcilier entre ses bras et dans son sein. Tandis que ses missionnaires allaient adoucir la férocité du barbare dans les forêts du Nord, et lui faire entrevoir et aimer un monde meilleur, un ordre social de justice et de vérité, de paix et d'union, ses pontifes s'établissaient paisiblement au sein de cette société impériale, siégeaient à Rome même, pendant que Constantin n'osait y braver les vieux génies de la République ; et là, sans rien détruire, adoptaient, corrigeaient, réformaient tout par une influence insensible ; faisaient circuler, par une chaleur pénétrante, l'inspiration chrétienne dans toutes les lois.

De cette double action de l'Eglise, de cette lente transformation, est sortie la société chrétienne du Moyen-Age, tenant à la fois du vieil empire romain par sa législation, et des barbares du Nord par ses goûts et ses instincts ; mais, en réalité, aussi éloignée de l'un par sa constitution, que de l'autre par ses mœurs. L'ordre social romain reposait sur le principe de l'esclavage. La loi politique comme la loi religieuse du Moyen-Age, en défendant la vie de tout homme contre l'abus de la force, avait fait un pas immense vers le principe de l'égalité. Le barbare ne respectait et ne reconnaissait pour règle de sa vie que le droit du plus fort : le vrai chevalier du Moyen-Age se faisait honneur de défendre le faible et l'opprimé.

Mais ce grand travail de transformation et d'équilibre social est loin d'être achevé. Le principe de l'égalité même devant la loi, proclamé par tous les législateurs, ne règne en définitive nulle part parmi les hommes. L'inégalité, source d'injustice, se retrouve partout et sous toutes les formes. Ni le riche ne peut se faire à l'idée que le pauvre est son frère et son égal, ni le pauvre ne sait traiter le riche avec le respect qu'il doit à son semblable et la dignité qu'il se doit à lui-même : il est à son égard ou insolent ou adulateur. Ni l'un ni l'autre ne savent être justes. Cependant, les distances disparaissent dans l'ordre social comme dans l'ordre physique ; les montagnes s'abaissent et les vallées se comblent, selon la parole du prophète ; le niveau des conditions se fait insensiblement ; et le char de l'humanité s'avance toujours sans jamais reculer ni s'arrêter sur sa route fatale. La miséricorde et la vérité se sont rencontrées : la charité et la justice vont se confondre dans une même étreinte, et ce qui n'était demandé qu'au nom de celle-là, va être exigé au nom de celle-ci : *misericordia et veritas obviaverunt sibi.*

Une nouvelle révolution plus sociale que politique, et qui n'est qu'une déduction et une nouvelle phase de la grande évolution chrétienne à travers les siècles, s'accomplit tous les jours. « Il faut, écrivait » ces jours-ci Mazzini au Congrès de Lausanne, il » faut que les masses soient protégées contre les » inégalités sociales. Une grande bataille européenne » est inévitable; elle sera terrible, et il importe » d'abréger l'attente de cette crise et d'en éviter » ainsi bien des maux. » — Et M. de Broglie : « Je » dissimulerais vainement, dit-il en commençant sa » belle *Histoire de l'Eglise et de l'Empire romain au* » *IVe siècle*, que la pensée d'une telle entreprise m'a » été suggérée par un retour sur l'état présent de la » société française et sur le rôle qu'y jouent ou peu- » vent y jouer les idées religieuses. »

Divisé sur tout le reste, on est généralement d'accord pour reconnaître et convenir que notre société est dans un grand travail d'enfantement. Mais que se prépare-t-il, et quel sera le résultat de ces longs et douloureux efforts? Sera-ce une société anti-religieuse et athée, ou la démocratie chrétienne des âges futurs? On peut répondre d'ores et déjà que l'effet sera en rapport avec sa cause, et que le résultat sera d'autant plus chrétien que le christianisme se sera mêlé davantage et aura pris une plus grande part à sa préparation.

Aujourd'hui, comme au IVe siècle, l'Eglise se trouve en face d'une société qui, par bien des côtés, est encore païenne, c'est-à-dire reposant sur l'injus- tice, et d'un nouveau peuple qui s'appelle l'Interna- tionale, et qui menace de renouveler contre la société actuelle les procédés des barbares du Nord. L'Eglise autrefois fit la conciliation en convertissant l'un et l'autre à une nouvelle vie, à une vie de justice et d'équité. Que fera-t-elle aujourd'hui de ces nouveaux éléments qui attendent une nouvelle création ? L'avenir nous le dira ; mais l'expérience nous a déjà appris que c'est en défendant le pauvre, le faible et l'opprimé que l'Eglise a vaincu ; et que c'est en s'appuyant sur la religion, que le pauvre, le faible et l'opprimé ont triomphé : ces deux causes ont toujours été unies, et c'est leur union qui a fait leur force et leur vraie grandeur.

Du reste, l'homme s'agite, mais Dieu le mène. C'est là sans doute ce que le docteur Gamaliel voulait faire entendre aux magistrats et aux princes des prêtres réunis en conseil pour condamner les Apôtres : « Prenez garde, leur disait-il, à ce que vous » allez faire de ces hommes. Ne mettez point la » main sur eux, laissez-les ; car si leur entreprise » vient des hommes, elle échouera ; mais si elle » vient de Dieu, vous n'y résisterez pas, vous com- » battriez contre Dieu même. » (*Actes des Apôtres,* ch. v.)

En citant ce passage, nous ne prétendons certes pas établir un terme de comparaison, ni le moindre rapprochement entre les Apôtres et nos agitateurs modernes. Les uns souffraient volontiers la mort de leurs ennemis, les autres la leur donnent plus volontiers encore. Les premiers ne voulaient arriver à leur fin que par la persuasion, à ceux-ci, au contraire, tous les moyens sont bons, même les plus violents.

Nous ne croyons pas davantage qu'en face d'hom-

mes essentiellement d'action, il suffise de se dire
conservateur et honnête homme et de regarder faire.
Il y a une autre conduite à tenir et un devoir plus
important à remplir. Chercher en toutes choses, et
dans les questions sociales comme dans toutes les
autres, la justice et la vérité, est le plus noble emploi
de la vie, et souvent le plus utile. Car, enfin, si la
conspiration ouvrière repose sur un principe faux et
injuste, elle échouera sans doute; mais si, au contraire,
elle s'appuie sur la justice, elle a droit au triomphe, et
ce triomphe, partiel ou complet, elle l'aura un jour
infailliblement; et c'est aux intéressés à faire que
cette révolution s'accomplisse le plus économiquement
possible en hommes et en argent.

« Le *Times*, lisons-nous dans le *Français* du 16
septembre, le *Times*, dont les opinions conserva-
trices ne sont pas suspectes et qui défendait, il y a
quelques jours à peine, la Chambre des lords avec
une énergie passionnée, a publié avant-hier un
remarquable article. On est vivement préoccupé en
Angleterre de la question des grèves. Les mouve-
ments des grévistes sont de plus en plus redoutables.
Le *Times* demande compte aux patrons de ce qu'ils
ont fait pour prévenir ces conflits, et leur reproche
d'avoir eux-mêmes provoqué le déchaînement auquel
ils ne peuvent faire tête. « Vos ouvriers, leur dit-il,
» ont raison, et cent fois raison. Ils ne demandent
» pas d'augmentation de salaire, mais ils sont hom-
» mes; ils sentent en eux la dignité de l'homme et
» ils ne veulent pas, parce qu'ils sont des travail-
» leurs, être assimilés à de vils esclaves ou à

» d'aveugles machines. Vous voulez les astreindre,
» dix heures par jour, au plus dur labeur ; ils vous
» demandent grâce d'une heure. Cette demande est
» juste, et comment y répondez-vous ? En leur pro-
» posant un abaissement proportionnel du salaire
» dont ils ont besoin pour vivre.

» Or, vous autres, usiniers, vous êtes riches et
» richissimes ; vous avez augmenté dans de grandes
» proportions votre capital ; vous faites tous les ans
» des gains énormes ; c'est à vos ouvriers que vous
» êtes redevables de cette prospérité magnifique,
» de ces trésors qui font de vous des Crésus, et vous
» leur refusez le repos nécessaire ! Vous êtes cou-
» pables ; vous devez vous amender et sans retard. »

» Les sévères paroles adressées par le *Times* aux
manufacturiers anglais, ne seraient pas justes si
elles étaient adressées aux chefs de l'industrie française. Ceux-ci, dans le plus grand nombre des cas,
ont fait et font chaque jour les plus louables efforts
pour concilier les intérêts de l'humanité avec les
exigences du travail manufacturier. Il n'en est pas
moins utile, en France comme en Angleterre, d'ap-
peler vivement l'attention sur les mesures soit léga-
les, soit économiques, qui pourraient être prises
pour relever et améliorer la condition morale et
matérielle des ouvriers. Nous ne serons démenti par
personne, en disant que cette préoccupation doit être
l'une des principales du parti conservateur. »

Chercher donc, sans parti pris, les causes de ces
phénomènes étranges qui mettent périodiquement

tout en péril, pour y porter remède s'il y en a; éclai-
rer ceux que la passion ou l'ignorance aveugle, tout
en condamnant sévèrement le crime de ces hommes
lâches, qui n'ont pas reculé devant l'assassinat de
vieillards sans défense; voilà, croyons-nous, qui
serait encore plus patriotique, plus efficace que toutes
les lois de proscription. Car si les lois ne peuvent rien
sans les mœurs, que peuvent-elles sans la justice,
et une justice entière, absolue. Encore une fois, nul
n'a plus d'horreur que nous du sang innocent répandu,
et n'avait en plus haute estime ce vénérable arche-
vêque de Paris, si aimé de son clergé et de son
peuple, et dont la conversation respirait autant de
douceur et d'aménité, que sa parole avait d'énergie
et de distinction. Oui, l'assassinat, l'incendie, seront
l'éternelle flétrissure de la Commune de Paris. Mais
plus l'accusé est coupable, plus il faut éviter de
confondre les responsabilités qui incombent à chacun. Ce ne sont pas les crimes que nous excusons :
nous ne voulons parler que du principe que l'Internationale met en avant et dont elle se sert pour sé-
duire l'ouvrier, principe éminemment chrétien, nous
n'hésitons pas à le dire.

III

La loi de la Création.

L'ordre social comme l'ordre physique a ses lois,
et il faut que ces lois s'accomplissent, ou par un

cours régulier et harmonique, ou bien par des coups violents et subversifs qui troublent l'ordre en apparence, mais qui en réalité le rétablissent. Or, la loi générale de la création, des choses comme des êtres animés, des individus comme des sociétés, est que tout renaisse et se renouvelle sans cesse. Et cette rénovation se fait de bas en haut : ce qui est petit grandit, et ce qui est grand tombe et disparaît. Ainsi, le vieux chêne de nos montagnes cède la place aux jeunes tiges qui poussent à ses pieds et qu'il a peut-être longtemps opprimées de ses bras puissants.

Dieu, nous dit l'Ecriture, a fait les nations guérissables, c'est-à-dire immortelles ; et l'apôtre saint Jean vit dans l'Apocalypse l'arbre de vie dont les feuilles rendaient la santé aux Etats ; et douze fois l'an l'arbre se couvrait de fleurs et de fruits. Mais les sociétés dont la constitution a méconnu la loi fondamentale du renouvellement, en faisant des castes et établissant des barrières, c'est-à-dire des divisions entre les membres d'un même corps dont toutes les parties devaient se pénétrer et se vivifier par un travail continu, ont disparu à jamais ; car toute maison divisée contre elle-même tombera, a dit le Sauveur. Ça été le sort des sociétés anciennes fondées sur l'esclavage des uns et le privilége ou le monopole des autres, c'est-à-dire sur l'injustice. Les nations chrétiennes, en proclamant l'abolition de toute servitude, sont rentrées dans la justice, et en rentrant dans la justice, se sont donné l'immortalité et une existence qui ne devait pas connaître de déclin ; car l'égalité qui était à leur base, détruisait l'antagonisme des classes et favorisait le renouvellement social. Mais en ne pratiquant qu'imparfaitement le juste et l'équitable, elles se créent tous les jours de nouveaux embarras et se préparent de nouvelles perturbations. Nous allons le voir.

IV

But de l'Internationale.

Le plus sage des rois a dit qu'il n'y avait rien de nouveau sous le soleil : cela est vrai de l'Internationale comme de tout le reste. Le nom est nouveau, mais la chose est vieille comme le monde. Tous les hommes, en effet, naissent libres, égaux et frères, et cependant il n'y a parmi eux, en réalité, ni liberté, ni égalité, ni fraternité. Le fort opprime le faible, et le capitaliste spécule sur le travail de l'ouvrier, amassant ainsi l'un et l'autre, sur leurs têtes, des charbons ardents qui les dévoreront, et des trésors de colère qui les consumeront au jour des vengeances. De là cet esprit d'antagonisme entre les diverses classes qui s'est manifesté de tout temps : à Athènes, dans les cris des pauvres opprimés, réduits en servitude par les riches, et demandant à Solon l'abolition des dettes et un nouveau partage des terres : le sage législateur accorda l'un et refusa l'autre ; à Rome, par les querelles sans cesse renaissantes des patriciens

et des plébéiens, des riches et des pauvres ou des
travailleurs qui un jour se mettent en grève et se reti-
rent sur le Mont-Sacré ; viennent ensuite les Grac-
ques et la loi agraire, Spartacus et ses légions d'esclaves révoltés qui mettent la République à deux doigts
de sa perte. En France, c'est la Jacquerie au Moyen-
Age, et dans les temps modernes, 93 ; enfin, aujour-
d'hui, c'est l'Internationale, qui dans son premier Congrès, en 1860, arrête le programme suivant :

Considérant que l'émancipation des travailleurs doit être
l'œuvre des travailleurs eux-mêmes ; que l'assujettissement
du travailleur au capital est la source de toute servitude
politique, morale et matérielle ; que pour cette raison l'émancipation économique des travailleurs est le grand but auquel
doit être subordonné tout mouvement politique.....

Art. 1er. Une association est établie pour procurer un
point central de communication et de coopération entre les
ouvriers des différents pays aspirant au même but, savoir :
le concours mutuel, le progrès et le complet affranchissement de la classe ouvrière.

Art. 2. Le nom de cette association sera : *Association
internationale des travailleurs.*

Ce simple rapprochement de faits toujours analo-
gues et presque identiques, suffit pour démontrer
que dans toutes ces révoltes, depuis les agitations
populaires d'Athènes jusqu'à l'Internationale de
Londres et de Paris en 1871, il y a une idée-mère et
fondamentale, vraie et juste en elle-même, mais dont
on abuse dans l'application : l'entière émancipation
du pauvre et du travailleur. C'est le cri de la liberté,
de l'égalité et de la fraternité, poussé par les classes

inférieures aveuglées, égarées, contre les classes supérieures, égoïstes et cupides.

Mais quoi! dira-t-on, l'homme n'est-il pas libre sur notre terre de France, et y a-t-il encore parmi nous des esclaves. Oui, il y en a; oui, il se forme tous les jours dans notre patrie bien-aimée, à côté de nous, une nouvelle espèce de servitude. Non, l'homme n'y jouit pas de toute sa liberté, et l'histoire de l'émancipation du servage n'est pas encore finie; nous assistons à la dernière phase, qui ne sera pas peut-être la moins terrible de toutes; car cette fois-ci ce n'est plus le christianisme qui va délier doucement les liens et y substituer l'obéissance volontaire, le respect et l'amour de l'autorité. Du christianisme, on n'en veut plus, et le dédain a commencé par en haut : il était logique, il était naturel, il était nécessairement infaillible qu'il descendît en bas. C'est donc le serf lui-même qui, à moitié libre, va secouer violemment le joug qu'on lui présente sous une nouvelle forme.

V

De l'industrie moderne.

Il y a, en effet, pour l'homme une double servitude : la servitude de la personne que l'ordre social et le droit païen avaient consacrée, et la servitude de l'action ou du travail que les sociétés modernes et les progrès de l'industrie ont créée et développée parmi nous. Les résultats seraient les mêmes, et celle-ci finirait peut-être par nous ramener à celle-là, si ses tendances n'étaient combattues et neutralisées. Le travail, en effet, c'est l'action de l'homme, et l'action de l'homme, c'est l'homme lui-même agissant; son travail c'est donc son existence, c'est sa vie. S'emparer du travail de l'homme, par conséquent, de quelque manière que ce soit; spéculer sur ses sueurs pour en bénéficier, c'est s'emparer de l'homme lui-même, c'est le faire *servir*. Or, la marche et les progrès de l'industrie moderne ont amené ce grand résultat, que des deux agents de la production, le capital et le travail, le premier a acquis et acquiert tous les jours une prédominance plus irrésistible sur le second. Il semble que les rôles soient renversés; ce n'est plus le travail qui fait valoir le capital, qui le féconde et le vivifie, c'est le capital qui s'empare du travail et du travailleur, multiplie ses forces et sa vertu productive, mais aussi se réserve le monopole des bénéfices. L'ouvrier n'est plus qu'un instrument que le capitaliste fait agir pour son compte et dont il dispose en disposant de son salaire. Bien plus, le capital, avec ses machines, tend à éliminer de plus en plus le travail de l'homme de la production, et par suite à se réserver tous les bénéfices. Le travailleur, le bras droit de la production, se trouve ainsi évincé du théâtre et de l'action créatrice de la richesse, et par là même, écarté dans le partage du butin et au festin de la vie. Sans doute, les machines sont un bienfait et une source de bien-être général. C'est la glorieuse destinée de l'homme de soumettre à son empire toutes les forces de la nature et de régner sur elles

2

et par elles ; chaque nouvelle invention est une nouvelle conquête et un nouveau fleuron à sa couronne.

Honneur donc à ces hommes venus du ciel, vrais
bienfaiteurs de l'humanité, conquérants pacifiques
qui domptent les éléments les plus rebelles, les plient
à leurs volontés, et les enchaînent au *service* de
l'homme, étendant ainsi sa domination sur les deux
mondes aussi bien que sur le vaste océan. Mais il
n'est pas juste que le capital égoïste s'emparant de
toutes ces découvertes, veuille s'en attribuer le
monopole et se réserver les bénéfices de l'exploitation : ce serait là un empiètement inique sur le travail.
Les forces de la nature, lois de la gravitation, de
l'électricité ou de la vapeur, utilisées par les nouvelles inventions, représentent, en effet, dans la production de la richesse, le travail de l'ouvrier, puisqu'elles le suppléent et le remplacent par des machines. C'est donc l'ouvrier qui doit en profiter le
premier, c'est le travailleur qui doit en retirer les
premiers bénéfices. Désormais, la nature travaillant
avec lui, son labeur sera diminué, et son travail
mieux rétribué. L'ouvrier, par conséquent, est en droit
d'attendre un double avantage de chaque nouvelle invention : un avantage commun à tous les consomma-
teurs, par le bon marché des produits qui en résulte ;
en second lieu, un avantage propre à lui en tant que
producteur, par une diminution de peine.

Dieu, en effet, ne fait point acception des personnes, et il n'a pas créé les éléments de la richesse
pour quelques-uns seulement ; tout ce qui sort de
ses mains est du domaine général, et si le capital,

dont une bonne partie vient de lui, profite surtout au riche, il est juste que les forces utilisées de la nature, qui sont comme la partie active de la création, de même que l'ouvrier est la partie active de la production, bénéficient et travaillent pour le pauvre. Le monopole et l'exploitation des nouveaux procédés appartient donc de droit au travailleur et non au capitaliste, ce doit être là l'héritage impérissable de ceux qui n'en ont pas d'autre. Et le jour où le capital parviendrait à se passer du travail de l'ouvrier dans l'œuvre de la production, à se suffire à lui-même avec ses machines et ses nouveaux procédés, ce jour-là et à cette heure il serait obligé non-seulement par charité, mais en rigueur de justice, de nourrir et de couvrir le pauvre à ses frais. Le riche remplirait alors sa vraie et haute mission, il serait le père et le grand intendant de l'humanité; ou plutôt, il n'y aurait plus ni riche ni pauvre, mais un immense capital et des forces naturelles incommensurables utilisées, travaillant incessamment pour l'homme; l'œuvre de la rédemption des corps serait accomplie comme celle des âmes. Beau rêve que celui-là! si ce n'était cette parole : *In sudore vultus tui vesceris pane.*

Mais revenons à la réalité présente. Les progrès de l'industrie et le développement du capital ont donc fait et font tous les jours davantage de l'ouvrier le *servant* obligé du capitaliste. C'est lui, c'est ce veau d'or qui est le maître de la situation et le Dieu du monde, il élève et il abaisse, il conduit aux enfers et il ressuscite à la vie, et les derniers venus n'ont de place au soleil qu'autant qu'il consent à leur en donner. Quelle puissance que celle du capital, mais aussi quelle responsabilité s'il y a, s'il fait des victimes. Or, dans cette industrie moderne où il règne en souverain, est-ce à la mort ou à la vie, au bien-être ou à la pauvreté qu'il a conduit l'ouvrier et le travailleur ?

Hélas! sans entrer dans de longs détails, il est permis d'affirmer, comme un fait avéré, tout le monde en convient, que les progrès du paupérisme dans la classe ouvrière sont en raison directe avec les progrès de l'industrie et du capital. Plus le capital augmente et plus il devient absorbant : il semble qu'il existe pour lui comme pour les éléments naturels une force attractive en raison de sa masse, force de moins en moins neutralisée par la force contraire du travail. Faut-il s'étonner, après cela, que l'équilibre soit rompu et que le monde social, chancelant sur ses bases comme un homme ivre, menace de tomber de cataclysme en cataclysme, jusqu'à ce que l'ordre naisse du désordre lui-même et qu'apparaisse enfin le règne de la justice et de l'équité ?

Il est deux cités devenues entre toutes les foyers de l'industrie moderne et du paupérisme : Londres et Paris; c'est là que s'accumulent les deux électricités contraires, jusqu'à ce qu'elles éclatent dans un choc épouvantable. Une première rencontre a fait trembler le monde, mais les deux piles sociales sont loin d'être déchargées et l'équilibre rétabli. Cependant, entre ces deux centres il y a encore une différence, et Londres industriel prime Paris. C'est à Londres surtout que le capital a tout absorbé, qu'il domine le travail, qu'il règne sur l'ouvrier comme ses vaisseaux sur l'Océan. C'est donc là que la tourmente révolutionnaire sociale éclatera avec le plus de force et d'intensité, bien que Paris en ait eu les prémices. L'Internationale elle-même va nous dire pourquoi et comment, dans les résolutions votées à la séance du conseil général du 1er janvier 1870, rapportées par M. Testut :

Quoique l'initiative révolutionnaire doive partir de la France, l'Angleterre seule peut servir de levier pour une révolution sérieusement économique. — C'est le seul pays où il n'y ait plus de paysans et où la propriété foncière est concentrée en peu de mains; c'est le seul pays où la forme capitaliste, c'est-à-dire le travail combiné sur une grande échelle, *sous des maîtres capitalistes, s'est emparé de toute la production ;* c'est le seul pays où la grande majorité de la population consiste en ouvriers salariés; c'est le seul pays où la lutte des classes, et l'organisation de la classe ouvrière par les *Trades-Union* ont acquis un certain degré de maturité et d'universalité, à cause de sa domination sur le marché du monde; c'est le seul pays où chaque changement dans les faits économiques doit immédiatement réagir sur le monde entier. Si le *land-lordisme* et le *capitalisme* ont leur siége dans ce pays, par contre-coup les conditions matérielles de leur destruction y sont plus mûries »..... Par ordre du conseil général, etc.

Eug. Dupont.

C'est donc bien la servitude du travail dont l'Internationale poursuit l'abolition.

Et qu'on ne dise pas que l'ouvrier étant maître de lui-même et de son action, est libre d'accepter ou de refuser le salaire que lui offre le capitaliste. Ne faut-il pas qu'il vive, et pour vivre n'est-il pas obligé d'accepter le travail aux conditions que lui fait le capital. Il n'a d'autre moyen de se faire rendre justice que la grève s'il parvient à l'organiser, la grève qui est le grand moyen d'action de l'Internationale et dont la légitimité en principe est incontestable ; car, en réalité, ce n'est que l'usage du droit de légitime défense contre la cupidité du capital toujours avide de nouveaux profits.

Dira-t-on que le capital remplit toujours ses devoirs de justice à l'égard du travail, et que les exigences de l'ouvrier, tous les jours plus exhorbitantes, outrepassent ce qui est juste? Cependant la plupart des grèves qui se sont produites ont amené pour l'ouvrier, ou une augmentation de salaire ou une diminution de travail, et nous ne voyons pas que les capitalistes qui ont accordé l'un ou l'autre se soient ruinés. Et tout le monde sent combien il est regrettable et fâcheux que la plus légère amélioration dans le sort du travailleur soit due, non à un sentiment généreux et spontané du capitaliste, mais à la résistance organisée du travail. N'est-ce pas dire à l'ouvrier qu'il ne peut, qu'il ne doit attendre rien de la justice, mais tout de la force? Et une fois engagé dans cette voie, qui donc l'arrêtera et lui fera comprendre qu'il va trop loin.

Voudrait-on établir en principe que le capital, en industrie, ne rapporte jamais que son juste intérêt, et que tout ce que les grévistes obtiennent est au détriment et contre les droits les plus légitimes des capitalistes? Mais d'où vient donc que l'industrie est considérée par tous comme le chemin de la fortune : il y a des chances et des périls sans doute ; mais, enfin, c'est là que les grands capitalistes réalisent les plus gros bénéfices. Ces grandes fortunes industrielles, amassées en quelques années, d'où viennent-elles? que sont-elles? C'est sans doute la production du travail et du capital : du capital vivifié par le travail, et du travail multiplié dans sa force productive par le capital. Pourquoi donc se trouvent-elles exclusivement entre les mains de quelques capitalistes, puisque l'ouvrier y a contribué? Non, en industrie comme en tout le reste, faire fortune en dehors d'une sage et constante économie, n'est autre chose qu'un vol public. Or, l'iniquité monte vers le ciel, et la chose crie vers son maître et légitime possesseur : *Res clamat Domino.*

On objectera, peut-être, que le capital dans l'industrie courant des risques et des périls, doit avoir des garanties et quelques avantages. Mais l'ouvrier qui s'adonne à une industrie ne court-il pas lui aussi des risques et des périls? Si l'industrie vient à tomber ou seulement à chômer, s'il y perd la santé ou qu'il en sorte mutilé, si une invention nouvelle vient réduire le travail, n'est-il pas exposé à vivre dans la misère, à végéter peut-être pendant de longues années, et par conséquent ne faudrait-il pas qu'il eût, lui aussi, ses garanties et ses avantages?

Sans doute l'ouvrier est trop souvent imprévoyant et prodigue dans ses dépenses. Mais il ne s'agit pas ici de savoir comment il emploie l'argent qu'il a légi-

timement gagné, mais bien d'examiner si le capital
est juste à son égard. Et encore pour cette inconduite
de l'ouvrier, il existe au-dessus de lui une haute
responsabilité, comme nous le verrons plus loin.
Soyons d'abord justes, et puis nous aurons grâce
efficace pour moraliser.

Certes, nous sommes loin de prétendre que le
capital ne doive rapporter aucun intérêt. Par là
même qu'il contribue à la production de la richesse,
il a droit de participer à la répartition des bénéfices.
L'intérêt est juste et nécessaire : Nécessaire, car si
le capitaliste n'a aucun avantage à prêter son argent,
il le gardera chez lui, et sans capital, point d'industrie possible. Juste, car le capital c'est du travail
passé, c'est-à-dire de la vie réalisée et non consommée,
comme la plante est la réalisation des sucs de la terre
et des éléments de l'air. Depuis cette parole: Tu
mangeras ton pain à la sueur de ton front, le capital
échangeable ou la richesse n'est que l'expression
du travail fait, ou de l'action de l'homme, et le
premier capitaliste a été celui qui ne mangeant
pas tout le fruit de son labeur, en a conservé une
partie pour l'avenir. L'année suivante, cette réserve
s'est accrue et lui a permis de faire certaines entre-
prises. Le capital n'est donc que du travail mis en
réserve et attendant l'action actuelle et incessante de
l'homme pour multiplier sa force productive et lui
servir de levier. La richesse publique est le produit
de l'union de ces deux actes de l'homme : l'acte passé
que représente le capital, et l'acte présent que représente le travail. Il n'est donc pas plus juste que

l'ouvrier soit sans salaire que le capitaliste sans intérêt. Mais il ne faut pas que le plus fort opprime le plus faible, car alors son droit ne serait pas le meilleur : point de monopole pour l'un au détriment de l'autre, mais un égal partage du profit, s'il ne doit pas même y avoir un avantage pour l'ouvrier et le travailleur.

Chose singulière! l'industrie qu'on accuse d'être la plus arriérée de toutes, l'industrie agricole, est de fait la mieux partagée et la plus avancée dans l'émancipation du travail. Les ouvriers agricoles, en effet, se divisent en deux grandes catégories: les fermiers et les métayers. Le fermier exploitant le capital, fait siens tous les fruits de la propriété, tous les bénéfices obtenus, moyennant une rente annuelle ou revenu de..... qu'il assure au propriétaire; revenu qui, du reste, n'égale jamais le taux de l'intérêt dans l'industrie; plus il fait rendre à la terre, par conséquent plus il produit, plus il gagne. Le métayer, au contraire, n'assure aucun revenu au propriétaire, mais ils partagent en égales parties les produits de la terre. Et si quelque fléau, comme la grêle, enlève la récolte, le fermier aussi bien que le métayer sont déchargés en partie ou en totalité de leurs obligations.

L'ouvrier agricole traite donc d'égal à égal avec le capitaliste. Son travail est sensé entrer pour la moitié dans la production, et il reçoit la moitié des produits. Ce rural a donc lieu d'être fier de sa condition à côté de celle qui est faite à l'ouvrier industriel, toujours exposé à être exploité par le capital. Oui, l'ouvrier agricole est le plus émancipé de tous les ouvriers, et le travail des champs le mieux garanti contre le monopole du capital. Aussi est-ce là peut-être une des causes pour lesquelles le travailleur des champs est si universellement homme d'ordre et ennemi de toute révolution; il ne voit pas que la société ni le capital soient injustes à son égard.

Cet avantage de l'industrie agricole sur toutes les autres industries, fait grand honneur à la religion, non-seulement parce que l'ouvrier agricole est en général religieux, mais surtout parce que l'agriculture est en quelque sorte fille de l'Eglise et de la religion; elle est surtout toute chrétienne par son origine. Ce sont les moines et les religieux qui ont été les défricheurs de l'Europe et ses premiers agriculteurs; c'est à l'ombre du clocher que l'agriculture a grandi et s'est développée, et l'on sait combien le régime des couvents était doux et avantageux pour les fermiers. On a reproché à l'Eglise d'avoir favorisé la paresse! grave reproche... Mais l'Eglise peut reprocher à son tour à l'industrie moderne, à cette industrie essentiellement antichrétienne, d'avoir été injuste à l'égard du travailleur, et trouver dans ces injustices la cause et la justification de ce cri : *Guerre au capital.*

Oui, le travail déclare la guerre au capital, parce que le capital, le premier, a fait la guerre au travail par le monopole qu'il s'est attribué dans la production de la richesse. Mais ce cri de guerre n'est pas nouveau, et avant d'avoir été le cri de révolte de l'Internationale, il a été le cri d'alarme et d'avertissement de l'Eglise, au nom de la justice et de l'humanité.

VI

Le Christianisme et l'Internationale.

Nous l'avons déjà vu, l'Internationale « considérant que l'assujettissement du travailleur au capital est la source de toute servitude politique, morale et matérielle » adoptait pour programme officiel, en 1866, « le concours, le progrès et *le complet affranchissement de la classe ouvrière.* »

Certes, rien de plus légitime en soi, rien de plus beau que cette noble entreprise, que ce grand œuvre d'affranchissement. Mais aussi la gloire de l'initiative n'en revient-elle pas à l'Internationale. Bien avant son apparition, l'Eglise avait considéré que l'assujettissement du travailleur au capital, c'est-à-dire du pauvre au riche, est la source de toute servitude politique, morale et matérielle, et inscrivait dans son programme l'entière émancipation de l'esclave, la réhabilitation du travail et du travailleur.

Du moment, en effet, que celui qui, étant fils de Dieu, maître et Seigneur, s'appelait de préférence fils de l'homme, non pas fils de roi ou de prince, fils de l'homme simplement, ce titre lui suffisait et disait tout; du moment qu'il proclamait bienheureux ceux qui sont pauvres, ceux qui pleurent, ceux qui souffrent, et qu'il se faisait lui-même plus pauvre et plus souffrant que ses nouveaux frères d'infortune, pour compâtir à leurs maux ; dès ce moment, disons-nous, l'affranchissement et l'élévation de ces classes étaient assurés ; une place d'honneur ou plutôt une haute dignité leur était réservée dans l'Eglise, selon l'expression de Bossuet, et le sermon de la montagne en a été le programme chrétien.

Cependant, quelle entreprise et quel cri de révolte dans cet empire romain composé de plus de cent millions d'esclaves et de dix millions à peine de citoyens, que cette proclamation de l'égalité de tous les hommes devant Dieu, de leur commune origine et de leur commune destinée ? Pouvait-il entrer dans la tête d'un grand seigneur de Rome, que cet être si vil qu'il faisait jeter, pieds et mains liés, dans ses viviers, pour engraisser ses poissons, était son égal et qu'il devait le traiter en frère ? Mais le christianisme naissant posa le principe et tint haut son drapeau. La guerre à la servitude était déclarée ; il importait souverainement que l'entreprise tombât entre des mains désintéressées, et que la révolution sociale fût autre chose pour l'esclave qu'un changement de maître. L'Eglise en prit la direction, et l'œuvre de rénovation et de réhabilitation s'accomplit sans secousse ni violence, et il n'y eut plus ni maître ni esclave, mais seulement des frères d'une même famille et des enfants d'un même Père qui est aux cieux ! Ils n'avaient tous qu'un cœur et qu'une âme, dit le texte sacré, *cor unum et anima una*. Ce sera l'éternel honneur de la religion.

VII

Le Christianisme et la guerre au capital ou à l'usure.

Cependant le plus grand ennemi de l'homme c'est l'homme lui-même, et la cupidité, nous dit l'Apôtre, est la source, la racine de tous les maux, *radix omnium malorum*. Le mauvais génie de la servitude n'était pas entièrement dompté : vaincu à visage découvert, bientôt il reparut déguisé sous une nouvelle forme. Le capital le ressuscita sous le nom d'usure, dont les abus et les injustices réduisaient le pauvre à la misère, à la mendicité, à l'impuissance de payer ses dettes et de se racheter : débiteur insolvable, il n'avait plus qu'une ressource : travailler pour son créancier qui pressurait jusqu'à la dernière goutte de ses sueurs. Une telle situation différait peu du sort de l'esclave ancien.

Mais l'Eglise, qui dès son apparition avait fait sienne la cause des pauvres et de l'affranchissement du travailleur, éleva la voix et se dressa devant cet ennemi déguisé comme elle l'a fait devant ce même ennemi agissant en plein jour. C'est une mère qui défend ses enfants contre la rapacité du capital. Sa bouche n'a que des anathèmes et ne fulmine que malédictions contre le riche sans entrailles qui suce le sang du pauvre.

Ecoutez, ô riches capitalistes : « D'où vous vient

cette grande fortune? Si vous dites du destin, vous êtes donc impie, athée..... Si vous avouez qu'elle vient de Dieu, dites-nous pourquoi vous l'avez reçue? Dieu est-il injuste en distribuant inégalement les biens nécessaires à la vie? Pourquoi êtes-vous riche et celui-ci pauvre? N'est-ce pas pour que vous méritiez, l'un, la récompense d'une douce et *fidèle* dispensation, et l'autre, le prix inestimable de la patience? Mais n'êtes-vous pas un avare et un *spoliateur*, vous qui vous appropriez ce que vous avez reçu pour le distribuer? Ce pain que vous retenez, c'est le pain de celui qui a faim; ce manteau que vous cachez, c'est le manteau de celui qui est nu; la chaussure qui pourrit chez vous, appartient à celui qui n'en a point, et l'argent que vous enfouissez, est l'argent du pauvre. C'est pourquoi vos refus de donner sont autant d'*injustices*. » Quel est le communiste ou le disciple de Proudhon qui tient ce langage? C'est saint Basile dans ses homélies sur saint Luc. Et saint Ambroise est encore plus formel : « En donnant au pauvre, ce n'est pas de votre bien que vous lui donnez, c'est le sien que vous lui rendez, *non de tuo largiris pauperi, sed de suo reddis.* (In Nabot, 53.)

Quant à l'usure à l'égard de pauvre et du travailleur, ce n'est pas seulement une injustice, c'est un crime social qui retranche le coupable de la communion chrétienne et le livre à la vindicte publique.

« Si quelqu'un, dit le concile de Vienne, tombe dans
» cette erreur que d'oser affirmer avec opiniâtreté qu'il
» est permis d'exercer l'usure, qu'il soit puni comme
» un hérétique. » Et par ce mot d'usure, l'Eglise enten-

dait toute espèce d'intérêt pour le prêt d'argent, et en vertu du prêt lui-même, en dehors de tout dommage et de tout danger encouru par le créancier. Ecoutons le prince des théologiens, saint Thomas, résumant dans son enseignement la tradition et la théologie. A cette question : Est-il permis de recevoir une usure (ou intérêt) pour le prêt d'argent ? il répond que recevoir une telle usure, est en soi injuste : *est secundum se injustum*. Et après avoir expliqué et prouvé sa sentence dans le corps de l'article, il termine ainsi : « C'est pourquoi il est en soi illicite de recevoir pour le prêt d'argent un intérêt qu'on appelle usure; et comme l'homme est tenu de restituer tout ce qui est injustement acquis, ainsi est-il tenu de restituer l'argent provenant de l'usure. » (2ª, 2ᵃᵉ, 78, 1.)

Voilà bien une guerre à outrance déclarée au capital, dès le Moyen-Age, au nom de l'Eglise, comme elle l'est aujourd'hui au nom de l'Internationale. Mais l'Eglise n'a pas abandonné ses principes ni fui le champ de bataille; elle maintient son programme, enseignant ce qu'elle a enseigné, combattant ce qu'elle a combattu : les tendances égoïstes et oppressives du capital contre le pauvre et le travailleur. Il est vrai, il s'agit ici surtout du prêt d'argent fait à l'indigent; mais nous allons voir comment elle envisage le prêt d'argent fait dans l'industrie et le commerce.

VIII

Le Christianisme et l'industrie moderne.

Poursuivi, honni sous la forme usuraire, l'esprit
du mal et d'iniquité prit une marche nouvelle et
suivit de nouveaux détours pour se dérober aux
justes anathèmes de l'Eglise; il se couvrit des apparences du progrès et se réfugia dans les diverses opé-
rations de l'industrie moderne. C'est là qu'il a établi
son empire et qu'il règne en maître, s'avançant vers
de nouvelles conquêtes et menaçant de ressaisir le
pouvoir dont deux fois le christianisme l'a dépossédé.

Qu'est-ce, en effet, que cette brillante industrie,
et que se passe-t-il au fond de tous ces comptoirs et
de toutes ces usines, si non le grand marché d'iniquité? Que vois-je? D'un côté le capital et de l'autre
le travail; d'un côté le riche, de l'autre le pauvre;
ici des hommes qui offrent leur argent et leurs capitaux, là un entrepreneur et des ouvriers qui offrent
leur travail pour faire valoir ces capitaux. C'est donc
d'une part un placement, et de l'autre une entreprise.
Le capitaliste prête en quelque sorte son argent au
travailleur, lui faisant des avances pour telle ou telle
exploitation; il y a entre eux une espèce de contrat
implicite. Or, comment va se conduire ici le capital à
l'égard du travail? Comme toujours. Sous prétexte
qu'il peut y avoir de mauvaise chance pour lui,
— comme s'il n'y en avait pas pour l'ouvrier, — il

se réserve le monopole des bénéfices et traite le travailleur comme un esclave qui, moyennant salaire,
gagne au profit du maître. Ainsi, l'actionnaire de
telle entreprise, de telle exploitation verra, chaque
année, son revenu augmenter, il retirera huit,
dix pour cent, peut-être, de ses capitaux; tandis
que l'ouvrier, qui supporte le poids du jour et de la
chaleur, et peut-être une augmentation de travail,
ne recevra pas une obole, un centime de plus.
C'est l'usure sur le pauvre rétablie ou plutôt conti-
nuée; c'est l'assujettissement du travail et du travailleur au capital.

Mais ici encore l'Eglise n'a pas failli à sa mission.
Ecoutons son angélique docteur : Répondant à une
objection, saint Thomas enseigne que celui qui confie
son argent à un commerçant ou à un artisan, par
mode de société, ne leur transfère pas le droit de
propriété sur son capital, mais le retient devers lui;
de telle sorte que c'est à ses risques et périls que le
commerçant ou l'artisan le font valoir ; c'est pourquoi
il lui est permis de demander *une partie du bénéfice*
provenant de l'entreprise comme d'une chose sienne.
(2ª, 2 , 78, 2, *ad quintum.*)

Le grand docteur n'accorde donc qu'une *partie des
bénéfices, partem lucri,* au capitaliste, en raison des
périls que court le capital. Ce n'est donc pas la totalité ni le monopole du gain réalisé qui lui revient de
droit.

Mais voici une voix encore plus autorisée, si c'est
possible, c'est celle du grand pape Benoît XIV, dans

sa célèbre encyclique sur l'usure et les autres *profits injustement acquis*. Il y est dit :

Ayant appris que, à l'occasion d'un certain contrat dont la validité paraît douteuse, quelques opinions peu conformes à la saine doctrine se répandaient en Italie ; pour couper le mal dans sa racine, nous avons réuni, à Rome, ce que la science théologique et canonique a de plus distingué, soit dans le clergé régulier soit dans le clergé séculier, et leur avons proposé les questions discutées. Or, après avoir défini d'un consentement unanime en quoi consiste l'usure ; après avoir écarté les vains prétextes qu'on allègue pour la justifier et avoir reconnu toutefois que dans bien des cas un certain intérêt est permis, ils ajoutent, toujours d'un consentement unanime, que, si dans une telle diversité de contrats chacun n'observe pas la justice et *l'égalité, æqualitas,* tout ce qu'il reçoit en sus, si ce n'est pas une usure, parce qu'il n'y a pas de prêt véritable, cela appartient, c'est certain, à cette autre véritable injustice qui n'oblige pas moins à restitution. Mais si, au contraire, toutes choses sont traitées exactement et pesées dans les balances de la justice, il n'est pas douteux que la raison et plusieurs modes de contrats licites n'autorisent pleinement, pour la commodité publique, le commerce et même un négoce avantageux. Mais loin de la pensée des chrétiens de croire que l'industrie puisse prospérer par l'usure ou autres semblables injustices. Apprenons plutôt de l'oracle divin que la justice élève les nations, mais que le péché rend les peuples misérables : *Miseros autem jacit populos.* (Prov., 14, 24.)

Montrez à vos peuples, ajoute le Pontife s'adressant aux évêques, montrez-leur par de fortes instructions, *gravissimis verbis*, que l'Écriture condamne sévèrement cette tâche et ce vice de l'usure qui s'enveloppe de formes diverses et d'apparences trompeuses, pour précipiter de nouveau dans une *ruine extrême, in extremam ruinam,* les fidèles que le sang du Christ a rendus à la *grâce et à la liberté*. Que celui donc qui veut placer son argent, prenne bien garde à ne pas se laisser emporter par la cupidité, source de tous les maux.

La raison et l'autorité, le témoignage de Dieu et des hommes sont donc ici d'un merveilleux accord pour condamner et flétrir ces honteux trafics par lesquels le capital cherche à pressurer la sueur du pauvre. On parle de justice et d'égalité. Mais où est la justice, où est l'égalité, lorsque le capitaliste refuse à l'ouvrier de l'associer à l'entreprise et de partager avec lui les bénéfices? Non, la justice et l'égalité ne sont que de vains mots pour les hommes, voilà pourquoi l'iniquité de la terre monte vers le ciel et crie vengeance, *res clamat Domino.*

Du reste, ce n'est pas seulement l'intérêt et la dignité de l'ouvrier qui demandent qu'il ne soit pas assimilé à un vil instrument de production au service du capitaliste, moyennant salaire, tout comme la bête de somme travaille pour le maître qui la nourrit; c'est encore l'intérêt bien entendu du capitaliste lui-même.

Plus l'homme est intéressé à la production, plus il produit avec économie. C'est là une vérité évidente par elle-même et qui ne demande pas de preuve; on en trouve l'application là même où on l'attend le moins. Ainsi, les compagnies de chemin de fer sont parvenues à économiser de grandes quantités de charbon, sans diminuer en rien la célérité de la marche des trains, simplement en faisant bénéficier le mécanicien de cette économie : toute l'habileté consiste à profiter des inclinaisons du terrain et des points d'arrêt. Quelles économies ne ferait pas l'industrie si l'ouvrier était partout intéressé au bon emploi du temps et des matières premières! Enfin, c'est la plus haute morale qui condamne le monopole du capital sur le travail, et demande que celui-ci soit encouragé, rémunéré plus que celui-là.

Moins le capital rapportera, plus le nombre des personnes qui vivent dans l'oisiveté diminuera, et plus le vice baissera. Plus, au contraire, le travail sera lucratif, plus le nombre des travailleurs augmentera, et par là même, la vertu. Du moment que des bras nouveaux seront une source de revenus et une cause de bien-être et non de misère pour l'ouvrier, celui-ci ne craindra plus les surcharges de la famille et les enfants se multiplieront. Où trouve-t-on, en effet, encore aujourd'hui, les familles les plus nombreuses? là justement où le capital a le moins empiété sur le travail, dans l'industrie agricole, chez nos grands fermiers; là, un enfant à la tête d'un troupeau, peut gagner plus qu'une grande personne; ou bien encore dans le Nouveau-Monde, où il ne manque que des bras pour fertiliser et produire la richesse. Aussi, y voit-on des familles de 10, 15 et 18 enfants, les uns plus beaux que les autres : on se croirait revenu aux temps du patriarche Jacob.

De tout temps l'Eglise avait enseigné ces grandes vérités, de tout temps elle avait flétri l'oisiveté comme la mère de tous les vices et glorifié le travail comme le principe générateur de toutes les vertus. Soit en dictant aux riches leurs obligations à l'égard des pauvres, soit en fulminant ses foudres contre l'usure et tous les profits injustement acquis par n'importe quels moyens, soit enfin en proclamant cette grande loi de la justice et de l'égalité : *sua cujusque œqualitas*, dans tous les contrats, sous quelque forme qu'ils se présentent et quels que soient les contractants, voulant ainsi protéger le travail contre les envahissements et le monopole du capital, cette Eglise semble avoir prévu, comme d'instinct, l'abîme profond où les tendances anti-chrétiennes de l'industrie moderne allaient jeter les sociétés et essayé de les arrêter sur cette pente fatale.

Et certes lorsqu'à travers les siècles on retrouve l'écho de ces voix puissantes et si autorisées du christianisme, de ses docteurs et de ses pontifes, de ses conciles et de ses grands théologiens, on ne peut s'empêcher d'admirer cette haute intelligence des vrais intérêts de la société. En s'élevant ainsi au-dessus de la richesse pour lui enseigner ses devoirs, aussi bien qu'au travail lui-même, la religion a prouvé qu'elle était éminemment sociale et que son origine remontait plus haut que la terre, puisqu'elle savait dominer toutes les grandeurs terrestres, et commander même aux dieux de ce monde, même à ce veau d'or qui en tenait le sceptre.

Oui, il est beau ce vieillard du Vatican se faisant, un siècle à l'avance, le défenseur des classes laborieuses, de la veuve et de l'orphelin, devant l'industrie moderne; se plaçant ainsi résolûment à la tête de la démocratie chrétienne, malgré tous les anathêmes de la richesse et de la science économique, et prophétisant aux Etats et aux sociétés que l'usure

et l'injustice, sous quelque forme, contrat ou conven-
tion qu'elle se cache, est la ruine des peuples et le
tombeau des nations. *Miseros autem jacit populos.*
Quelle justification de cette grande parole, que cette
année 1871 et les horreurs que nous avons vues et les
horreurs qui nous menacent encore!

Mais l'Eglise a eu beau faire entendre sa voix sur
la montagne de Sion, et la papauté fulminer ses anathêmes du haut des sept collines! L'industrie moderne
n'a jamais compris, n'a jamais voulu comprendre cette
grande parole qui voulait faire de toute la chrétienté
une famille de frères s'entr'aidant les uns les autres,
pour qu'ils ne s'entr'égorgeassent pas ; elle a donc
laissé crier cette vieille du moyen-âge, dont les ora-
cles troublaient son repos; et elle a fait tant de bruit,
tant de fracas, que la voix s'est perdue dans le tumulte:
on a cru à la prescription. Et voilà que, tout à coup,
au moment où cette industrie, si fière d'elle-même et
de ses progrès, brillant de son plus bel éclat, tandis
qu'elle transformait les capitales en magnifiques pa-
lais d'expositions, au milieu d'une guerre horrible,
un nouveau cri de guerre s'est fait entendre, tradui-
sant à sa manière les malédictions de l'Eglise contre
l'usure : *guerre au capital.* Et la justice que l'Eglise
et la papauté n'ont pu obtenir, l'Internationale se
charge de la faire. La dignité, l'élévation de la classe
laborieuse et son entière émancipation du capital, que
la religion n'a cessé de plaider, c'est l'Internationale
qui se charge d'y mettre la dernière main.

Mais ce n'est pas là le seul rapport ni la seule
affinité qui existent entre le Christianisme et l'Inter-

nationale ; plus qu'elle ne le croit, celle-ci est fille de celui-là. L'idée même de cette fraternité universelle, est toute chrétienne et exclusivement chrétienne : seule de toutes les sociétés, la religion n'a vu que des frères dans tous les hommes, et saint Paul nous apprend qu'il n'y a dans l'Eglise ni Grec ni Gentil, ni Barbare ni Romain. Mais alors comment se fait-il que l'Internationale proscrive à la fois la religion et l'ordre social actuel ? Il y a à cela bien des raisons, et l'ignorance exploitée par la passion n'est pas la moindre. D'ailleurs, la société religieuse et la société civile n'apparaissent-elles pas à l'ouvrier unies ensemble et solidaires l'une de l'autre. Malgré cette apparente et si compromettante solidarité dans la Commune de Paris elle-même, si criminelle, n'a-t-on pas vu un Régère assister à la première communion de sa fille à St-Etienne-du-Mont, protéger les églises et maisons religieuses ? Et le *Journal des Débats,* cité par le *Français* dans le numéro du 3 août, ne nous a-t-il pas appris que la Commune de Paris tenait ses clubs aux Tuileries sous un tableau représentant Jésus-Christ ? Dans les églises où se réunissaient des clubs, n'y a-t-on pas conservé également l'image du Christ ? On ne peut donc pas affirmer que l'Internationale soit essentiellement ennemie du Christianisme et anti-chrétienne.

Non, l'ouvrier qui connaîtra bien cette religion du Christ, qui est par excellence la religion du pauvre et du travailleur, n'en sera jamais l'adversaire. Allez, disait Jésus-Christ aux envoyés de Jean, qui lui demandaient s'il était le Messie promis, allez, et racontez à Jean ce que vous avez vu : les boiteux marchent, les aveugles voient, les sourds entendent, et les pauvres sont évangélisés. L'apparition sur la terre de la religion du pauvre, la bonne nouvelle annoncée aux malheureux qui souffrent et qui pleurent, telle était la grande preuve que Jésus-Christ donnait de sa mission. Le christianisme est donc par excellence la religion de l'ouvrier, et si l'ouvrier n'est pas plus chrétien, ce n'est pas sa faute.

Non, l'ouvrier n'est pas le seul coupable; le grand coupable, c'est cette industrie anti-chrétienne, sans entrailles et sans religion autre que celle du veau d'or. L'ouvrier avait une foi, la foi de son enfance et de sa première communion; sur cette foi s'appuyait la consolatrice des pauvres, l'espérance, et de cette foi et de cette espérance germait la charité. Mais l'industrie moderne, le capital égoïste et aveugle, disons le mot, le riche capitaliste a passé par là. Il a ruiné par son exemple et trop souvent par ses discours la foi et l'espérance de l'ouvrier; et puis il s'étonne de ne plus trouver la charité, il s'effraye d'un ouvrier qu'il a fait à son image et à sa ressemblance, d'un ouvrier qui n'adore plus que le veau d'or, qui déclare la guerre au capital comme à une bête féroce qu'il faut réduire à l'impuissance de nuire, comme à un butin dont il est bon et peut-être juste de s'emparer. O grands du monde, reconnaissez votre œuvre !

IX

Conclusion sur les moyens de l'Internationale.

Il y a donc quelque chose de vrai et de très légitime dans les aspirations des ouvriers, et dans les revendications de l'Internationale! Sans doute, tout n'est pas à faire dans le sens d'une meilleure répartition des produits du travail, mais aussi tout n'est pas fait, il y a encore de véritables injustices à réparer, des vices organiques à guérir. Il semble que l'aristocratie anglaise, dont la prudence et l'esprit conservateur ne sauraient être suspects, ait voulu en tracer la voie, dans l'alliance qu'elle vient de contracter avec les délégués des associations ouvrières, pour étudier les aspirations des travailleurs et faire pénétrer dans la législation les demandes qui paraîtraient applicables et légitimes.

La lutte, en effet, entre le travail et le capital est inévitable, leurs intérêts étant opposés; mais il faut que cette lutte soit établie sur le terrain de la légalité; et pour cela, il faut que l'ouvrier aussi bien que le capitaliste soit représenté dans la législature. C'est là, sur ce terrain du vrai progrès par le droit et la justice, que le conflit doit se vider et la paix se faire; et c'est dans cette voie parfaitement légitime et sûre, que les aspirations des classes ouvrières rencontreront le mouvement chrétien dans tous les siècles; mouvement auquel les universités elles-mêmes, cette grande et glorieuse création de l'Eglise, prirent au moyen-âge une part si active. — Voilà le côté chrétien vrai et juste de l'association ouvrière ; c'est là ce qui fait sa force présente et peut faire son triomphe futur : car la vérité et la justice peuvent seules assurer la victoire des bonnes causes, et cette victoire seule est durable. *Veritas liberabit vos*, a dit le Sauveur, la vérité vous délivrera, et alors vous serez vraiment libres. Mais voici en quoi ce mouvement est faux et injuste, et par conséquent faible et précaire, malgré toutes les apparences contraires. Et d'abord, dans l'Internationale, il y a un parti qui ne veut pas de Dieu.

Mais Dieu, par le fait, est en possession de l'humanité depuis que cette humanité existe. Dieu s'est en quelque sorte naturalisé dans son œuvre, et l'idée religieuse reparaît dans l'homme aussi vite que le naturel ; aussi, si par impossible Dieu pouvait se retirer du monde, tout y deviendrait Dieu, excepté Dieu lui-même, selon la pensée de Bossuet. — Depuis Epicure et son troupeau, jusqu'à Spinosa, bien des négations ont été lancées contre le ciel, celles-ci au nom de la science, celles-là au nom de la sensualité ; mais ni les unes ni les autres n'ont pu détrôner Celui qui règne au plus haut des cieux et de qui relèvent tous les empires de la terre. Et Proudhon lui-même, tout infatué de son radicalisme absolu, n'a pas pu se passer de l'hypothèse de Dieu.

Le savant, en effet, perdu dans sa nébuleuse métaphysique, pourra bien se passer peut-être d'un Dieu personnel ; mais le peuple, jamais ; parce que le peuple n'a ni le temps, ni le savoir nécessaire pour se perdre dans la métaphysique. Et l'ouvrier est essentiellement peuple : il a besoin d'un Dieu. Aussi, la révolution de 93, après avoir renversé les autels de la patrie, de ses pères et de ses aïeux, en fut réduite à intrôniser la déesse raison, et Robespierre crut habile de s'en faire le pontife. Vouloir donc chasser Dieu, c'est tenter l'impossible et se condamner à d'inutiles efforts.

Bien plus, exclure Dieu de son œuvre, c'est se priver d'un levier formidable qui, déjà bien souvent, a soulevé le monde. En effet, l'homme qui s'appuie sur Dieu, n'est plus un homme, c'est un être surhumain, sa puissance s'est accrue de celle de Dieu même, et son ascendant sur les masses devient irrésistible. C'est cette union de Dieu et de l'homme qui a fait les héros et tous les grands libérateurs de l'humanité. On sait la part si large que Washington, le fondateur de la liberté américaine, et Lincoln, l'émancipateur des esclaves, faisaient à Dieu dans leur entreprise et la force qu'ils puisaient dans l'idée religieuse. La négation de Dieu n'est donc pas seulement insensée, elle est nuisible.

Ce n'est pas tout, cet ostracisme inutile et funeste en soi, le devient peut-être encore davantage par ses conséquences, en éloignant tous les travailleurs qui ne veulent pas se séparer de l'idée de Dieu, et le nombre n'en est pas petit. Déjà les associations irlandaises, le mouvement *fénian* et celui de l'*Homo rule,* ont repoussé toute alliance avec l'Internationale pour ce motif, leurs partisans ne voulant pas renier leur Dieu ni se faire les égorgeurs des prêtres.

Tout récemment encore, les grévistes allemands ont salué le jour où ils auront réellement *la libre religion chrétienne.*

En Espagne, où le terrain cependant semble si bien préparé par l'anarchie des idées et la division des partis, les progrès de l'Internationale sont lents et difficiles, parce que le peuple espagnol, religieux jusqu'à la superstition, ne peut pas se passer de l'idée de Dieu. Sa vive imagination le voit partout, même là où il n'est pas. De même en Italie le mouvement Mazzinien, si prononcé, se sépare sur ce point de l'Internationale. Quels nombreux contingents et quelle nouvelle force ne recevrait donc pas l'association ouvrière, si, faisant tomber la barrière anti-religieuse dont elle s'est entourée, si impolitique, et d'ailleurs tôt ou tard inutile, elle proclamait, pour tous ses adeptes, la liberté de conscience et de religion. Devant une telle perspective, qui, du reste, ne serait que de la liberté bien entendue, on se demande ce que deviendrait cette organisation déjà si puissante.

Enfin, l'Internationale, en se séparant de l'idée de Dieu pour accomplir son œuvre, se sépare de l'idée même de justice. Dieu, en effet, c'est la justice même, la justice absolue; et reconnaître au-dessus de l'homme une justice souveraine et indépendante qui ne change pas au gré de ses passions, c'est reconnaître Dieu et proclamer son existence ; mais le nier, par là même c'est nier toute idée de justice. Car, s'il n'y a pas au-dessus de moi une autorité supérieure qui ait le droit de juger mes actes, de les approuver

où de les condamner, ma volonté est ma seule et
unique loi, tout ce que je fais est bon, tout ce que je
veux est saint ; je suis à moi-même mon droit et ma
justice, et par conséquent, si je suis le plus fort, j'ai le
droit de briser tout ce qui résiste à ma volonté ; mon
pouvoir fait mon droit : la force ne prime seulement
pas le droit, ces deux choses sont identiques, et le
suffrage universel n'a d'autre but ni d'autre significa-
tion que de constater quel est le parti le plus fort
dans la société, pour livrer à ses appétits, à sa cupidité, à ses passions, l'autre moitié à dévorer.

La notion de justice affaiblie, ou plutôt éteinte,
l'humanité rétrograderait incessamment vers le paga-
nisme et bientôt reparaîtrait sur la terre l'antique
esclavage. Est-ce là ce que l'Internationale poursuit ?
Non, sans doute. Voilà pourtant où la conduiraient
ses principes athées, s'ils pouvaient être réalisés, et
l'étrange contradiction où elle tombe avec elle-même
en proclamant, d'une part la justice et l'égalité
parmi les hommes, et de l'autre en niant Dieu.

Mais que deviendrait-elle et quelle serait sa destinée, si la société lui appliquant ses propres principes
et usant du droit que la force lui donne, décrétait,
au nom du suffrage universel, — car l'Internationale
ne peut pas se faire d'illusion, elle ne représente
encore qu'une infime minorité dans l'ordre social ; —
si donc l'Etat, qui a la force et par conséquent le
droit, décrétait que les membres de cette association
ne sont plus que de vils esclaves qu'il faut enchaîner
et châtier, s'ils ne veulent obéir et travailler pour leur
maître ?... Ce serait la conséquence de la négation

de Dieu principe de justice. — L'Internationale, méconnaissant son propre terrain, en appelle à la force et à la violence. Mais se figure-t-on la mine que ferait son armée sans état-major ni intendance, lors même que tous ses ouvriers seraient armés de révolvers et de chassepots, devant l'armée régulière des Etats européens ? Et s'il a suffi des débris de nos légions vaincues pour forcer, en quelques jours, son plus redoutable retranchement, que peut-elle donc espérer de la force et de la violence ?

D'ailleurs, les moyens violents ont-ils jamais profité à une cause. C'est une loi de l'ordre moral comme de l'ordre physique, que tout acte qui manque de justesse et dépasse le but légitime, appelle nécessairement une réaction. Et l'histoire de toutes les révolutions est là pour démontrer que la violence des partis a perdu plus de causes que la justice n'en a fait triompher. Le sang d'Abel ne profita point à Caïn, pas plus que celui des martyrs chrétiens à l'idolâtrie; et de notre grande révolution, il n'est demeuré que les réformes demandées par la justice et la raison. Quant aux saturnales démagogiques de 93, elles n'ont laissé qu'une trace de sang et amené une longue réaction qui a failli tout compromettre. Enfin, la réprobation universelle qu'ont soulevé naguère les crimes de la Commune de Paris, ne suffit-elle pas pour ouvrir les yeux à l'Internationale, et lui faire comprendre que ce n'est pas par la violence qu'elle arrivera à ses fins et sera vraiment utile à l'ouvrier ? Non, ce n'est pas là la voie à suivre; et pour l'honneur de l'humanité, les moyens violents seront toujours impuissants à rien fonder de stable. La justice et la vérité, avec Dieu et non contre Dieu, voilà le terrain sur lequel doit se retrancher l'ouvrier pour combattre les tendances anti-chrétiennes et anti-sociales du capital, et sur ce terrain, il sera soutenu par dix-huit siècles de christianisme.

Que le riche satisfait n'ayant nul besoin de protecteur ni d'appui, qui est à lui-même son Dieu et le Dieu de ce monde, nie tout autre Dieu, cela se conçoit; mais que le pauvre et le malheureux, sans aucun soutien ici-bas, se prive de gaîté de cœur de celui qui peut le protéger et faire triompher sa cause en la faisant sienne, c'est ce qui ne se conçoit plus.

Mais non, ô mon peuple, toi le peuple du travail et de la pauvreté, *populo meo pauperi*, tu te souviendras plutôt que le Christ était lui aussi un pauvre artisan, fils d'un artisan, qu'il a dit anathème au capital injuste, qu'il a proclamé le premier sur la terre la liberté du travail et du travailleur, que ses anges ont transporté le pauvre Lazare dans le sein d'Abraham, tandis qu'ils ont laissé tomber le mauvais riche au fond des enfers; que sans lui, enfin, tu ne ferais que changer de maîtres se dévorant les uns les autres après t'avoir dévoré le premier. O regarde bien, et à travers tous les siècles tu verras ta cause et celle de la religion unies ensemble, triomphant par leur union, affaiblies et plus ou moins compromises dès qu'elles se séparèrent. C'est avec cette religion que tu as grandi, c'est par elle et avec elle que tu peux, que tu dois triompher et inaugurer la démocratie chrétienne de l'avenir.